Gewidmet meinem geliebten

Sabastian

diesen Traum gibt es nur durch Dich – Du bist wunderbar.

Mit großer Wertschätzung für

Max Rüegg

der Träume sehen kann, noch bevor sie entstanden sind.

Skip Kazas

du sorgst dafür, dass meine Arbeit gut aussieht.

Meinen Großeltern

Francis, Alice & Frances,

ich spüre Euch in mir.

Jan Houston

Deine Unterstützung ehrt mich.

In tiefster Dankbarkeit für das

Reich der Feen und der Naturgeister

Wie sagte meine kleine Freundin Zöe:
„Ich liebe Dich, aber Du bist Liebe."

Sanfte Weisheit aus dem Reich der Feen

Geschenk um Geschenk, Wunder um Wunder umgibt uns. Sichtbares und unsichtbares Wirken weben miteinander den kunstvollen Stoff unseres Lebens. Und wie bei einem Bilderteppich ist jeder einzelne Faden für die Schönheit und die Ganzheit des Ganzen von Bedeutung. Es ist wahrlich ein Segen, Teil der immensen und wunderbaren Vielfalt unserer Mutter Erde zu sein. Mögen wir als ein Volk wachsen in der Liebe zueinander und zur unglaublichen Vielfalt dieses Planeten. Mögen wir erkennen, dass wir von vielen Wesen, sichtbaren wie unsichtbaren, aufrichtig und bedingungslos geliebt werden.

Sie haben viele Namen: Feen, Devas, Elementargeister, Naturgeister und Naturengel. Für manche sind sie Phantasiegestalten, für andere mächtige Wesen. Die einen halten sie für Schabernack treibende Wesen, den anderen sind sie heilig. Für mich sind sie über alle Maßen schön; sie haben mich im Innersten berührt und für immer verändert. Bedingungslos lieben sie alles in der Natur mit einer unglaublichen, unfassbaren Innigkeit. Als Teil der Natur, der wir wunderbarerweise und dankbaren Herzens sind, werden auch wir von ihnen geliebt. Diese Wesen mit Worten und Bildern zu beschreiben, ist als wolle man die endlose Vielgestalt des Ozeans mit einer Hand voll nassen Sandes erklären, und dazu bin ich berufen.

Über die Karten

Ich bin dankbar für die Möglichkeit, diese Bilder für Sie zu malen und mit Ihnen zu teilen. Sie sind aufrichtige Gebete und Visionen des Friedens, der Liebe, der Inspiration und der Heilung.

Wir sind göttlich und einzigartig und verfügen über ein Lebensverständnis, das wertvoll und wichtig ist. Ich bete darum, dass diese Karten Sie dazu anregen, Ihrer inneren Führung mehr und mehr zu vertrauen, und dass Sie die süßen Stimmen der Feen und Naturgeister zusehends klarer und deutlicher vernehmen.

Vorschläge zum Gebrauch

Ehren Sie Ihr inneres Wissen, und nutzen Sie diese Deutungen und Anregungen als Ausgangspunkt für Ihre eigene sanfte Weisheit. Wenn Sie abweichende Interpretationen oder Bedeutungen in den Karten erkennen, dann achten Sie diese Erkenntnis und hören Sie auf die sanfte Weisheit, die Sie durchströmt.

Dieses Deck kann man auf vielerlei Art und Weise benutzen. Im Folgenden einige klassische Vorschläge:

Zentrieren Sie sich. Bitten Sie um Führung. Denken Sie an eine Frage oder an ein Thema in Ihrem Leben, wozu Sie gerne mehr Einblick gewinnen möchten. Mischen Sie das Deck, und denken Sie dabei an Ihre Frage. Ziehen sie dann so viele Karten, wie Sie möchten.

Eine Karte ist gut zur Inspiration, vielleicht als ein Thema, auf das man sich während des Tages besonders konzentrieren kann, oder bei der Bitte um Führung in einer bestimmten Sache.

Ziehen Sie nach einander drei Karten, und legen Sie sie in einer Reihe aus. Die erste Karte stellt Ihre Vergangenheit dar. Die zweite gibt Ihre Gegenwart wider, und die dritte zeigt die wahrscheinliche Entwicklung oder ein künftiges Ergebnis.

Seien Sie kreativ. Lassen Sie sich inspirieren. Sagt Ihnen ein zarte Stimme, Sie sollten 15 Karten ziehen und daraus eine Geschichte entwickeln? Versuchen Sie es! Hören Sie, dass diese Karte nicht die richtige ist, dass Sie eine andere ziehen sollen? Dann tun Sie es! Dieses Deck möchte Sie dazu anregen, Ihre innere Führung zu nutzen, Ihre sanfte Weisheit, die Ihnen ermöglicht, die Feen und Naturgeister, Ihre Führer, in der Art und Weise zu hören, wie es Ihnen von Geburt bestimmt ist. Es ist wichtig, dass wir lernen, wie wir auf unsere Verbindung zum Göttlichen hören können.

1. Anmut

Geben Sie Ihrem Charisma und Ihrer Persönlichkeit Ausdruck. Zeigen Sie ehrlich und aufrichtig, wer Sie sind. Seien Sie fröhlich, verspielt und anmutig. Seien Sie so lebendig, wie Sie nur können, und Sie werden sogar die Blumen bezaubern.

2. Begeisterung

Begeisterung zieht mehr Begeisterung an. Seien Sie fröhlich, und tanzen Sie ganz natürlich durchs Leben, dann werden Sie Tanzpartner anziehen. Sie wissen nicht, wie man Begeisterung entwickelt? Lassen Sie es sich zeigen: Beobachten Sie Kinder, junge Hunde und Kätzchen, und lernen Sie von ihnen Begeisterung.

3. Beschaulichkeit

Denken Sie in stiller Gelassenheit darüber nach, woher Sie kommen und wohin Sie gehen. In Ihnen ist tiefe Erkenntnis über Sie selbst, von der nur Sie wissen. Lernen Sie, sich selbst zu vertrauen; denn letztendlich kennen Sie sich selbst am besten.

4. Beschützer

Wir sind immerzu behütet und beschützt. Wir sind umgeben von einem weiten Geflecht von Feen, Devas, Naturgeistern und Engeln voller bedingungsloser, reiner Liebe und Unterstützung für uns. Unfassbar ist die Tiefe dieser bedingungslosen Liebe zu uns.

5. Chancen

In jedem von uns stecken so viele Möglichkeiten, so viel Kreativität, so viele Chancen. Sie sind nicht nur eines, ein Beruf, eine Rolle, Sie haben unbegrenzte Chancen und Möglichkeiten in und um uns. Schauen Sie sich um, entdecken Sie Ihre Potenziale und entscheiden Sie, welches Sie stärken und entwickeln wollen.

6. Dankbarkeit

Kontemplieren Sie über alle Ihre Segnungen, und seien Sie dankbar. Seien Sie es ganz bewusst auch für die kleinsten Dinge, und Sie werden immer neue Segnungen anziehen. Eine Haltung der Dankbarkeit verwandelt unser Leben.

7. Dienst

Schon die kleinste Geste kann so viel Gutes bewirken. Ein Lächeln, ein freundliches Wort brauchen so wenig Kraft und bewirken so vieles. Können Sie ein wenig mehr geben? Alles, was Sie tun, hat Wirkung.

8. Disziplin

Wählen Sie unter den vielen eine spirituelle Praxis oder Disziplin für sich aus, und tauchen Sie tief ins Heilige ein. Ob durch Religiosität oder Yoga, durch Meditation oder Gebet, allein oder in der Gruppe – durch stete Übung können Sie neue Mittel oder Fertigkeiten vertiefen, die Ihnen helfen, Ihr Wesen zu erweitern und in Ihrer ruhigen Mitte zu bleiben und die sanften, heiligen Stimmen zu vernehmen, die uns rufen.

9. Entscheidungen

So viele Wege, so viele Richtungen. Oft kommt es nur darauf an, sich für einen Weg zu entscheiden und loszugehen. Wenn er Ihnen nicht entspricht, schlagen Sie einen anderen ein. Stecken Sie fest, dann wählen Sie aufs Geratewohl einen Weg und gehen Sie los.
Sie werden bald merken, ob es der Richtige für Sie ist.

10. Entspannung

Spannen Sie aus. Kommen Sie zur Ruhe. Seien Sie einfach – ohne etwas erreichen zu müssen. Trinken Sie Tee mit Freunden, liegen Sie im Gras und schauen Sie den Wolken nach oder verwöhnen Sie sich mit einem ausgedehnten Schaumbad. Lassen Sie los...

11. Freiheit

Sie können frei wählen, wer Sie sein und wie Sie Ihre Energien nutzen möchten. Entwinden Sie sich allem, was Sie niederhält. Fliegen Sie, seien Sie frei. Geben Sie Ihrer höchsten Überzeugung Ausdruck. Sie haben die Freiheit, sich für das Leben zu entscheiden.

12. Freude

Freuen Sie sich an der Schönheit, Anmut und Fülle in Ihnen und in Ihrer Welt. Tanzen und spielen Sie, feiern Sie und seien Sie fröhlich, erfüllen Sie Ihr Leben mit Glück. Feiern Sie und teilen Sie Ihre Freude mit anderen.

13. Freundlichkeit

Wenn ihr Herz von einem anderen berührt wird und Sie antworten mit Gütigkeit und Mitgefühl, dann wird Ihr Herz tiefer und stärker. Lernen Sie Ihre Herzenskapazität zu erweitern.

14. Freundschaft

Das sanfte Wesen der Freundschaft spendet Heilung, Halt und Schutz. Achten Sie Ihre Freunde, und pflegen Sie neue Freundschaften, sie können zu Ihren größten Gaben und Stärken werden.

15. Frieden

Sie können Frieden stiften – halten Sie dem Traurigen oder Einsamen die Hand, bitten Sie um Verzeihung, wenn Sie jemanden verletzt haben, oder zeigen Sie Mitgefühl mit jemandem, dem man Unrecht getan hat. Manchmal sieht die Welt schon nach der kleinsten Friedensgeste ganz anders aus.

16. Friedvoll

Wenn wir ruhig und in unserer Mitte sind, stellt sich ganz von selbst ein friedvolles inneres Gleichgewicht ein, das uns und unsere Umwelt in Harmonie bringt und uns für unsere sanfte Weisheit öffnet.

17. Geben und Nehmen

Uns durchfließt ein reicher, niemals endender Energiestrom. Wir geben und nehmen Energie auf vielfache Weise. Wer sich leer fühlt, sollte neue Energie aufnehmen, bevor er weitere abgibt. Ähnlich muss, wer sich
festgefahren hat, Energie abgeben. Lassen Sie die Energie fließen, denn der Vorrat ist unerschöpflich.

18. Gebet

Jeder Gedanke hat Energie und Wirkung. Gehen Sie bewusst mit Ihren Gedanken um, und verändern Sie so sich selbst und andere. Ihre Gedanken können helfen und Heilen. Ob Gebet, Affirmation oder Mantra, je bewusster es gesprochen wird, desto mehr Energie wird geleitet. Nutzen Sie Ihren Geist weise.

19. Geduld

Bleiben Sie gelassen, und haben Sie Geduld. Neue Triebe und Knospen brauchen Zeit, bis sie zu reifen Früchten werden. Genießen Sie die Zeiten des Wachsens und Reifens entspannt und in vollen Zügen. Und ernten Sie dann genüsslich die Früchte.

20. Geschichte

Ihre Vergangenheit führt Sie in Ihre Zukunft. Blicken Sie zurück, um zu lernen, aber schreiten Sie stets in die Zukunft, wo das, was Sie aus Ihrer Geschichte gelernt haben, zur Blüte kommt und reiche Früchte tragen wird.

21. Glaube

Wissen ohne Beweis, selbst wenn man nicht versteht oder die Umstände der eigenen Anschauung widersprechen – das ist Glaube. Glaube oder die tiefe Überzeugtheit der Seele leitet und schützt Sie. Selbst wenn alles um Sie zerfällt, wirkt der Glaube wie ein Seil, an dem Sie sich festhalten und durch das Sie wieder festen Boden finden können. Ehren Sie Ihren Glauben; er ist einzig und ganz allein der Ihre.

22. Halt

Wenn wir uns bewusst überlegen, welche Positionen wir einnehmen und woran wir festhalten, schaffen wir einen gesunden inneren Halt und Harmonie. Da wir oft die Eigenschaften unserer Umgebung annehmen, ist es wichtig, dass wir uns mit dem umgeben, was wir sein oder werden wollen, ohne dabei unsere einmalige, kraftvolle Individualität zu verlieren.

23. Herausforderung

Schreiten Sie sorgfältig und anmutig um die Dornen herum vorwärts, wissend, dass Sie von großer Schönheit umgeben und die Dornen in Wirklichkeit recht klein sind. Jede Herausforderung ist immer auch eine Chance. Erinnern Sie sich: Wo es eine Schwierigkeit gibt, gibt es auch eine Chance.

Erinnern Sie sich, wo es eine Schwierigkeit gibt, ist auch eine Möglichkeit.

24. Hingabe

Es gibt eine Kraft, die aus der Hingabe an eine Sache oder einen Menschen erwächst. Hingabe kann Klarheit schaffen, den Blick schärfen und die Beziehung zu der Sache oder der Person vertiefen.

25. Hüter sein

Es ist ein wunderhübscher Planet, den wir unsere Heimat nennen. Nehmen Sie sich die Zeit, Ihre Umgebung zu erkunden, zu schätzen und zu lieben. Gehen Sie sacht und freundlich mit dem Land um; das ist nicht nur gut für unseren Planeten, sondern auch für Sie selbst, und es stärkt Ihre Verbindung zur göttlichen Energie durch die Natur.

26. Jonglieren

Im Leben müssen wir erstaunlich oft und viel jonglieren. Das erfordert ein gutes Gleichgewichtsgefühl, Flexibilität, Geschick und Humor. Grämen Sie sich nicht, wenn Sie einen oder gar alle Bälle fallen lassen. Fangen Sie einfach wieder von vorne an, aber nur mit den Bällen, die Sie wollen oder brauchen. Schon bald entwickeln Sie Ihre ganz persönliche Art oder Kunst des Jonglierens.

27. Kommunikation

Praktizieren Sie die hohe Kunst der Kommunikation. Lernen Sie, mit dem ganzen Körper zuzuhören und noch das leiseste Flüstern der Feen zu vernehmen. Lernen Sie, mit Klarheit und Bestimmtheit aus dem Herzen zu sprechen, und man wird Ihnen zuhören.

28. Kraft

Nutzen Sie alle Ihre Begabungen und Fähigkeiten, um vorwärts zu kommen. Wenn Sie feststecken oder nicht mehr weiter wissen, versuchen Sie etwas Neues – seien Sie kreativ. Das Leben gibt Ihnen alles, damit Sie fliegen, damit Sie sich und Ihr wahres Selbst zum Ausdruck bringen können.

29. Lernen

Suchen Sie sich Menschen, die bereits leben, wonach Sie sich sehnen, und lernen Sie von ihnen. Suchen Sie sich Lehrer, die ihr Fach beherrschen und leben, was sie lehren. Lernen Sie aufmerksam, und entscheiden Sie dann, welche Fähigkeiten Sie sich zu Eigen machen wollen.

30. Liebe

Lieben Sie einander bedingungslos. Schauen Sie einander tief in die Augen, und entdecken Sie das Göttliche, Ihren Spiegel. Erkennen Sie die Weisheit, Schönheit und Heiligkeit im anderen. Liebe besänftigt, nährt und heilt den Empfangenden wie den Gebenden.

31. Lohn

Um uns ist eine ungeheure Fülle, die wir häufig übersehen. Erkennen Sie den Reichtum, der Sie umgibt, und schon bald werden Sie den Lohn ernten. Dankbarkeit für alles, was Sie haben, lässt Ihren Reichtum wachsen.

32. Macht

Wir sind alle göttlich und um so vieles mächtiger, als wir uns gewöhnlich zugestehen. Bringen Sie sich selbst ganz bewusst kraftvoller zum Ausdruck. Sie sind Ihr eigener Heiler. Indem Sie sich selbst heilen, können Sie Ihre Welt verändern.

33. Meditation

Lassen Sie den Geist still werden und die Seele zur Ruhe kommen. In der Meditation spüren Sie den Puls der Natur und das Strömen des Universums in Ihrem Körper. Werden Sie langsamer, und hören Sie Ihre sanfte Weisheit, das leise Flüstern, das man nur in der Ruhe und Stille vernimmt.

34. Mut

Seien Sie gut vorbereitet, und wagen Sie dann mutig und zuversichtlich den Sprung nach vorne. Lebendige, konzentrierte Energie zieht Unterstützung in Fülle an, und das Unbekannte wird sich Ihnen erschließen; Hilfe ist unterwegs.

35. Mystik

Umgeben von den Mysterien des Lebens öffnet sich der mystische Mensch suchend einem Sinn, der tiefer liegt, als auf den ersten Blick erkennbar. Verlieben Sie sich leidenschaftlich ins Leben, und schließen Sie Freundschaft mit dem Universum.

36. Offenes Herz

Offenen Herzens die Schönheit, Liebe und Anmut in anderen zu sehen, stärkt unser Herz und schafft eine stärkere, tiefere Verbindung zur Göttlichkeit in anderen. Das bedeutet nicht unbedingt, jedem zu geben, was er von uns verlangt; es kann durchaus heißen, Mitgefühl zu empfinden und dennoch „nein" zu sagen.

37. Partnerschaft

Eine Partnerschaft zwischen zwei oder mehr Menschen mit demselben Ziel oder derselben Vision ist ungeheuer stark. Ob im Gebet oder in der Meditation, bei der Arbeit oder im Spiel, konzentrierte, engagierte Partner können Wunder wirken.

38. Redlichkeit

Die Hingabe an Ihre Wahrheit. Redlichkeit schenkt Ihnen tiefe Wurzeln, die Ihnen in dunkler Zeit Halt gewähren, bis Sie Ihr Licht entdecken. Sie ist die Grundlage, auf der Sie selbst und andere Ihnen Respekt erweisen können.

39. Rückzug

Nehmen Sie sich jeden Tag bewusst etwas Zeit nur für sich selbst, auch wenn es nur wenige Augenblicke sind. Ziehen Sie sich regelmäßig längere Zeit allein zurück, und besinnen Sie sich darauf, wer Sie wirklich sind. Erneuern Sie so Ihre Verbindung mit Ihrer Heiligkeit und den Naturgeistern.

40. Schöpfung

Das Leben auf diesem Planeten ist kontinuierliches Schöpfen oder Mitschöpfen. Ob tiefgründig oder alltäglich, jede Schöpfung ist ein Wunder. Wer das Leben als ständiges Schöpfungswunder begreift, empfindet Ekstase und Ehrfurcht. Bewusst zu schaffen, was Sie wollen, bringt Ihnen Freude und Erfüllung.

41. Schritte

Tun Sie, was Sie tun können oder was Sie tun müssen, und der nächste Schritt wird sich vor Ihnen auftun. Ein Schritt führt zum anderen. Wer Schritt für Schritt vorwärts geht, baut sich ein starkes Fundament.

42. Schweben

In anderen Sphären zu schweben kann eine Zeit lang ganz schön sein. Es kann uns neue Perspektiven eröffnen, wenn wir nicht wissen, wie es weitergehen soll. Achten Sie aber darauf, Ihr inneres Gleichgewicht zu halten und dass Sie sich mit der Richtung in die Sie gehen wohl fühlen!

Wenn sich die Richtung nicht gut anfühlt – steigen Sie aus!

43. Selbstliebe

Selbstliebe ist nicht Narzissmus. Selbstliebe heißt vielmehr, das Geschenk unseres einmaligen Selbst zu achten und zu ehren. Sie ist die Achtung vor und die Liebe zu unserer Einmaligkeit und alledem, was sie diesem Planeten geben kann. Die Selbstliebe öffnet uns der wahren Liebe zu anderen.

44. Selbstwert

Respekt und Vertrauen zu unserem wahren Selbst entstehen, wenn wir unsere ureigenen Gaben und Begabungen schätzen. Das bringt unser Leben in einen natürlichen Fluss. Wenn Sie ein gesundes Selbstwertgefühl entwickeln, begegnen Ihnen die Menschen mit größerer Achtung und das Universum erscheint Ihnen großzügiger.

45. Sprung

Von sicherer Warte aus können Sie das Leben an sich vorüberziehen lassen. Möchten Sie zuschauen, oder wollen Sie Teil haben und eine Hauptrolle darin spielen? Springen Sie mitten hinein ins Leben; entweder haben Sie schon, was Sie brauchen, oder Sie lernen es unterwegs. Springen Sie und werden Sie, was Sie sein können.

46. Stärkung

Es ist ein unglaubliches Geschenk, wenn man mit seiner Energie anderen helfen und sie stärken kann. Wenn Sie denjenigen, denen Sie dienen nichts nehmen und nichts von ihnen erwarten, erhalten Sie mehr Gnade und Energie, als Sie geben.

47. Suchen

Wer sich aufrichtig und ehrlich auf die Suche nach dem Sinn begibt, entdeckt und betritt neue Welten. Neue Ideen und Vorstellungen stärken unseren Glauben. Halten Sie die Augen offen, und lauschen Sie in Ihr Herz.

48. Traum

Träumen Sie, phantasieren Sie, suchen Sie einen Herzenswunsch und erwählen Sie dann einen Traum zum Ziel. Träume, denen Energie und Gestalt gegeben wird, können Ziele werden. Haben Sie einen anregenden Traum? Lassen Sie ihn wahr werden.

49. Übergang

Übergänge sind zwar ein natürlicher Bestandteil des Lebens, können uns aber dennoch mit Unruhe und Angst erfüllen. Nicht zu wissen, was kommt, kann durchaus beunruhigen oder erschrecken. Was aber, wenn dieses Gefühl in Wirklichkeit Anregung statt Furcht wäre?
Wie empfänden Sie diesen Übergang dann?

50. Umwelt

Ein Leben in Harmonie mit der Umwelt ermöglicht den natürlichen Systemen, sich zu regenerieren und schließlich uns zu versorgen. Seien Sie behutsam mit dem Land, ehren und pflegen Sie Bäume, Boden, Pflanzen, Luft und Wasser.
Wenn wir alle Dingen und Wesen um uns schätzen und ehren, erweisen wir uns selbst wahre Liebe.

51. Unschuld

Öffnen Sie Ihren Blick für Ihre einzigartige Schönheit. Die geschlossenen Augen der Naivität machen uns zu Opfern. Öffnen Sie die Augen. Indem wir die Wahrheit sehen, gewinnen wir unsere Unschuld wieder. Wer die Unschuld in sich und anderen entdeckt, kann Vergebung schenken.

52. Veränderungen

Manchmal warten wir, bis die Situation so unerträglich wird, dass wir gezwungen sind, die Veränderungen vorzunehmen, deren Notwendigkeit wir doch längst erkannt haben. Wenn Sie wissen, dass Sie etwas um sich oder in sich verändern müssen, dann tun Sie es.

53. Vertrauen

Sicherheit und Selbstvertrauen machen es leichter, auf die innere Führung zu hören, wodurch wiederum auch alles andere leichter wird. Verbieten Sie dem Geschwätz in Ihrem Geist den Mund, das behauptet, Sie seien nicht gut genug. Vielleicht müssen Sie Ihre Fähigkeiten noch ausbauen, aber Sie sind ganz wunderbar, so wie Sie sind.

54. Vision

Was wünschen Sie sich am innigsten? Lassen Sie es in Ihrer Phantasie so real und lebendig wie möglich werden. Schreiben Sie darüber. Sammeln Sie Bilder, die Sie daran erinnern. Suchen sie die Begegnung mit Menschen, die Ihren Traum verwirklicht haben. Und halten Sie dann die Augen offen, damit Sie es auch sehen.

55. Warten

Ihre innere Weisheit weiß, wann die Zeit zum Handeln gekommen ist. Abzuwarten, bis wir wirklich sicher sind, ist oft ein weiser Entschluss. Sie müssen sich nicht immer bloßstellen in all Ihrer Verletzlichkeit. Es kann klug sein zu warten, bis der Weg frei ist.

56. Wertschätzung

Welche Freude ist es, in Dankbarkeit den ureigenen Wert einer Situation, einer Sache oder eines Menschen zu erkennen. Dieses höhere Wahrnehmen erlaubt eine Ahnung von der Göttlichkeit des anderen. Bewahren Sie sich diese Wertschätzung, und aus der Ahnung wird mehr werden.

57. Wissen

Unterscheiden Sie angesichts der Fülle von Informationen und Ideen gut, welches Wissen und welche Weisheiten Sie erwerben und welche Sie von sich weisen wollen. Wo so vieles zur Verfügung steht, müssen Sie eine bewusste Auswahl treffen.

58. Wohlstand

Zeit ist Ihr größtes Kapital. Der Schlüssel zum Wohlstand auf diesem Planeten liegt im weisen Umgang mit der Zeit. Kultivieren Sie, tun Sie, was Ihnen wichtig ist. Wohlstand ist nicht nur finanzieller Natur, er ist die persönliche Erfüllung, die zufriedene Gewissheit, die eigenen Möglichkeiten ganz umgesetzt zu haben.

59. Ziele

Entschlossenheit und Konzentration führen Sie in die Richtung Ihres Ziels. Je zielsicherer und entschlossener Sie sind, desto klarer wird Ihnen der Weg und desto deutlicher erkennen Sie die Schritte, denen Sie folgen müssen. Konzentrieren Sie sich und tanken Sie dabei Kraft!

60. Zukunft

Es ist aufregend, etwas Neues zu tun. Seien Sie also offen für neue Abenteuer. Wagen Sie den Sprung in die Zukunft zielbewusst und mit Begeisterung. Kostbare Augenblicke der Synchronizität und wahre Meilensteine werden sich vor Ihnen auftun, und Ihr Abenteuer wird sich lohnen.

„Bei allen unseren Überlegungen müssen wir stets die Folgen unseres Handelns für die nächsten sieben Generationen bedenken."

Aus dem großen Gesetz der Konföderation der Irokesen

LIEBE MICH – LIEBE DICH SELBST

Die Arbeit an diesem Projekt hat mich tief bewegt und verändert. Ich glaube, dass es für uns alle von höchster Wichtigkeit ist, die Heiligkeit in allen Dingen auf diesem Planeten zu erkennen.
Es ist wirklich so einfach. Liebe. Liebe zu allem und jedem.
Überschwängliche Liebe. Einfach Liebe.

Ich bete aus tiefstem Herzen, dass die Kinder dieser Erde daran denken mögen, in Harmonie zu leben, miteinander und mit Mutter Natur, und dass sie die Vielgestaltigkeit und Schönheit des Lebens schätzen.

Mögen Sie zu großer Liebe angeregt werden
Namasté
Sasha

Eden River Arts bietet Menschen, die sich auf einmalige und sinnvolle Weise ausdrücken möchten, Produkte auf der Grundlage von Sasha St Johns Kunst.

Weitere Informationen und mehr von Sashas spiritueller und elfenhafter Kunst finden Sie auf ihrer Website

www.edenriverarts.com

Briefe, bitte in Englisch, an:

Sasha St. John
c/o Eden River Arts
PO Box 2288
Grass Valley, CA 95945-2288
USA

Erste Ausgabe 2003
ISBN-Nr. 3-908655-11-0

Aus dem Englischen von Astrid Ogbeiwi
Cover Design: Silvie and Freddy AGMüller
Satz AGMüller, Neuhausen
Gedruckt in Deutschland

Urania

www.tarotworld.com